Siegfried Bütefisch

Der rote Fisch 4

Impulse für werbewirksame
Gestaltung und Kommunikation

Leitfaden 4
**Das 1x1 guter Gestaltung:
Schwerpunkt Druckmedien**

AF140004

Zu diesem Leitfaden

Die Gestaltung von Printmedien bleibt auch in Zeiten der Online-Kommunikation wichtig. Wissen Sie beispielsweise, dass einer gedruckten Broschüre weitaus mehr vertraut wird als dem gleichen Inhalt im Internet?

Deshalb sollten Sie die Prinzipien der Gestaltung kennen – egal, ob Sie selbst Drucksachen professioneller gestalten möchten oder mit Profis im Bereich der Gestaltung zusammenarbeiten. So werden künftig Ihre Drucksachen mehr Wirkung erzielen.

Zum Autor

Siegfried Bütefisch ist Dipl. Grafik Designer und Coach. Er begleitet, berät und trainiert Organisationen und Unternehmen im Bereich Marketing und Kommunikation.

Gute Gestaltung verfolgt immer einen Zweck – an der Wirkung misst sich die Qualität.

Gute Gestaltung vermeidet Kopfzerbrechen – an KISS[1] und Hicks[2] denken.

Gute Gestaltung weckt Aufmerksamkeit – sie kann aber durchaus auch leise daherkommen.

Siegfried Bütefisch

[1] Keep it simple and stupid.
[2] Je mehr Auswahl, umso schwieriger die Entscheidung.

Die Deutsche Nationalbibliothek verzeichnet
diese Publikation in der Deutschen National-
bibliografie, detaillierte bibliografische Daten
sind im Internet über dnb.d-nb.de abrufbar.

2. Auflage 2015
© 2015 Siegfried Bütefisch, Schlaitdorf
Herstellung und Verlag:
BoD – Book on Demand, Norderstedt
Umschlag, Layout, Grafiken:
www.buetefisch.de,
Siegfried Bütefisch, Madeleine Stöhr

Bütefisch Marketing und Kommunikation
www.buetefisch.de
ISBN 9783735758057

Inhalt

Vorwort

„Der rote Fisch" ist eine Sammlung von 7 Leitfäden, die jeweils ein abge-schlossenes Thema behandeln. Diese Leitfäden sind geschrieben für die Praxis, für „Macher" im Bereich Marketing und Kommunikation, also für

- Gestalter, Studenten und Auszubildende im Bereich Mediengestaltung
- Werbeleiter und Entscheider im Marketingbereich
- Alle, die mit Wörtern, Bildern, Medien und Ihrer Persönlichkeit Menschen erreichen, überzeugen und gewinnen möchten

In diesen Leitfäden bündelt sich meine 30-jährige Berufserfahrung als Gestalter, Werber, Trainer und Dozent. Es geht um Themen, die darüber entscheiden, ob Werbung ankommt und die Kommunikation mit der Ziel-gruppe gelingt. Erfolgreiche Werbung ist mehr als gelungene Medien-gestaltung. So geht es nicht nur um die äußere Form, die Verpackung, sondern um Inhalt, um Bedürfnisse, um Spannung und Dramaturgie:

- Leitfaden 1
  Auffallen, informieren, überzeugen und bewegen
- Leitfaden 2
  Mit guten Ideen und Strategie zum Werbeerfolg
- Leitfaden 3
  Bild und Text – mehr als nur Layout-Zutaten
- Leitfaden 4
  Das 1x1 guter Gestaltung / Schwerpunkt Druckmedien
- Leitfaden 5
  Erfolg im Internet und in digitalen Medien
- Leitfaden 6
  Wirkung potenzieren durch Werbemix
- Leitfaden 7
  Kunden, Unterstützer und Sponsoren gewinnen

Alle diese Leitfäden in Taschenbuchform haben in der Druckversion zwischen 30 und 130 Seiten. Der Anspruch ist, in knapper und übersichtlicher Form Impulse für grundlegende Verbesserungen zu geben. Denn selten mangelt es an Worten. Es mangelt daran, Wissen umzusetzen – intelligent, zielstrebig, motiviert und zeitnah. Konzentrieren Sie sich deshalb auf das Wesentliche. Jede Kette ist nur so stark wie ihr schwächstes Glied. Machen Sie wenig, aber dieses gut. Dadurch erreichen Sie mit dem geringsten Aufwand die größte Wirkung. Das ist es, was gute Werbung ausmacht.

„Weniger ist mehr"

Doch „das Wenige" fällt niemandem in den Schoß. Das Wenige muss erarbeitet werden. Das Wenige kostet Zeit und zeigt Können. Das Wenige braucht Mut zur Entscheidung und Reduktion. An dieser Stelle ein Wort an alle Leserinnen: Bitte fühlen Sie sich wertgeschätzt, auch wenn ich auf weibliche Anredeformen verzichte. Wirklich konsequentes „gendern" (ein Beispiel für ein unschönes Wort) macht kurze Formulierungen unmöglich. Müsste ein Bürgersteig nicht auch Bürgerinnensteig genannt werden? Wird einer Zimmerfrau eher ein Staubwedel als ein Hammer zugestanden? Ich glaube, Achtung sollte sich anders ausdrücken als durch verquere, politisch korrekte Formulierungen. Genauso wenig braucht es Anglizismen und „Werbesprech", um Kompetenz auszudrücken.

Die Qualität einer Lektüre misst sich an der Wirkung

Diese Leitfäden sind nicht geschrieben um sich zurückzulehnen, sondern um die Ärmel hochzukrempeln. So sind die „Roten Fische" Bücher der Tat – ähnlich Workshops, nur in Buchform mit Übungen, Reflektionen, Links und Inspirationen. Sie sind geschrieben, um Ihre Sinne zu schärfen. Lassen Sie sich darauf ein, mit Intuition, Intellekt und Herz. Viele Wege führen zum Ziel, finden Sie den Ihren. Profitieren Sie von bewährten Regeln und Prinzipien und nutzen Sie Ihre Freiheit, um sie kreativ zu interpretieren:

„Man sollte die Regeln kennen, die man bricht."

Noch etwas Persönliches

Viele Dinge verändern sich rasant – besonders unsere Möglichkeiten der Kommunikation. Wer heute und morgen Erfolg haben möchte, muss umlernen. Und manchmal schließt sich der Kreis und alte Prinzipien gewinnen wieder an Bedeutung.

Schon vor 900 Jahren sagte Bernhard von Chartres im Bezug auf Wissen und Bildung:

> *„… wir sind gleichsam Zwerge, die auf den Schultern von Riesen sitzen, um mehr und Entfernteres als diese sehen zu können – freilich nicht dank eigener scharfer Sehkraft oder Körpergröße, sondern weil die Größe der Riesen uns emporhebt."*

So fühle ich mich trotz 194 cm Körpergröße gerne als Zwerg und danke allen, die mich durch ihr Wissen belehrt, durch unsere Begegnungen bereichert, durch ihr Lob ermutigt, durch ihre Kritik aufmerksam gemacht und mit ihrem Lachen angesteckt haben. Eingeschlossen alle, die ich nicht persönlich kenne, dafür aber ihre Bücher, ihre Arbeiten, ihre Ideen, ihre Gedanken, ihre Kunst. So empfinde ich die Vielzahl der heute verfügbaren Informationen und Medien sehr wohl als Geschenk – ein Geschenk, mit dem wir alle lernen müssen umzugehen, um uns in dieser Vielfalt nicht zu verlieren.

Und ich danke auch Ihnen – im Voraus für Ihr Feedback, Ihre Kritik und Ihre Anregungen zu diesem Leitfaden.

Siegfried Bütefisch

Der Gestaltungsprozess

Die Säulen gelungener Gestaltung

Produktion · Aufwand · Kreativität · Layout · Zielgruppe · Intellekt · Form(at) · Wirkung · Intuition · Text · Bild · ? · Inhalt · Psychologie

Auf gute Bilder und Texte kommt es an

Sie wissen, was Sie sagen und erreichen wollen. Sie haben Ihre Texte schon werbewirksam formuliert und aussagekräftige Bildmotive gefunden, die Ihre Botschaft unterstützen. Sie haben Ihre Zielgruppe klar vor Augen. Sie kennen die Bedürfnisse Ihrer Zielgruppe und die Dinge, die für diese Bedeutung haben. Sie haben damit alle notwendigen „Zutaten" für gute Gestaltung parat und können loslegen. Hilfreich für diese Vorarbeit ist die Lektüre der roten Fische 1 und 3.

Gestaltung heißt, auf einer begrenzten Fläche die Gestaltungselemente (Texte, Bilder, Schmuckelemente u. Ä.) inhaltlich und ästhetisch gelungen anzuordnen, um maximale Wirkung zu erzielen.

Ihr wichtigstes „Handwerkszeug" dabei ist zunächst nicht der Computer und ein vernünftiges Layoutprogramm, sondern Ihr Auge, Ihr Kopf, Ihr Bauchgefühl, Stift und Papier, um Ihre Gestaltungsideen zu skizzieren. Ich behaupte und bin mit dieser Meinung in guter Gesellschaft: Word ist ein Textverarbeitungsprogramm, das vorspiegelt ein Layoutprogramm zu sein – der Ärger ist vorprogrammiert.

Format und Medium

Ihre erste Entscheidung im Bezug auf das Layout, betrifft das Format des Werbemediums. Denn Gestaltung spielt sich immer innerhalb eines klar definierten Rahmens ab. Das betrifft Print- und Onlinemedien gleichermaßen. Stellen Sie sich deshalb die Frage: Welches Medium, welches Format ist für die Botschaft angemessen? Welches Papier (Papier ist nicht gleich Papier!), welche Proportionen unterstützen die Botschaft? Welcher Aufwand und welche Kosten sind gerechtfertigt? Welcher Umfang (Seitenzahl) wird nötig sein, um den Inhalt „rüberzubringen".

Sonderformate

Aus Produktionsgründen werden überwiegend Rechteckformate verwendet. Natürlich könnte durch Stanzen jedes beliebige Format realisiert werden, aber das macht die Gestaltung und Produktionsvorbereitung schwieriger und die anschließende Produktion deutlich teurer. Für Sonderformate sollte es deshalb einen zwingenden Grund geben. Und vergessen Sie niemals, bevor Sie sich für ein Sonderformat entscheiden, eine der wichtigsten Gestaltungsregeln, die Sie schon in der Einleitung gelesen haben:

„Weniger ist mehr"

Aber mit dem Zusatz:

„Wenige Ausnahmen bestätigen die Regel."

Was spricht für ein Hoch- bzw. Quer- oder Quadratformat?

Wahrnehmungspsychologisch gibt es gute Argumente für das Querformat. Wir haben zwei Augen und somit ein Blickfeld, das breiter ist als hoch. Fernsehen und Kino haben sich darauf eingestellt. Das 16x9-Format entspricht ziemlich genau unserem Gesichtsfeld. Übrigens: Das übliche Hochformat eines Buches wird bei aufgeklappten Seiten auch zum Querformat!

Was spricht für ein Hochformat? Bei einer „normalen" A4 Drucksache ist der Umschlag zwar aus festerem Papier, aber dennoch recht flexibel. Bei einem Querformat biegen sich die Seiten deshalb ziemlich durch. Das kann „billig" wirken und das Handling erschweren, denn das aufgeschlagene Format einer DIN A4 Broschüre im Querformat ist schon unhandlich breit.

Das quadratische Format ist ein guter Kompromiss. Aufgeschlagen kommt es dem „natürlichen" 16x9 Format schon recht nahe. Ein Nachteil ist, dass recht viel Papier auf dem Druckbogen meist nicht genutzt werden kann. Das schlägt sich (im Vergleich zu Standardformaten) im Druckpreis nieder.

 **Welches Format passt?**

Für die „Formatfrage" bringen Sie folgende Fragen weiter:

> Wie gelingt es am besten, den Inhalt „rüberzubringen"?
> Wie kommt das Bildmaterial am besten zur Geltung?
> Ist das Format für die Zielgruppe praktisch?
> Ist das Format wirtschaftlich (Drucker fragen)?

Es ist kein Zufall, dass Autoprospekte oder Bücher über Landschaften oft im Querformat layoutet sind. Geht es dagegen um Hochhäuser oder Pflanzen ist das Hochformat sicherlich die bessere Wahl.

Als Standardformate gelten hierzulande die DIN A-Formate. Dieses „A"-Format bedeutet, dass das Seitenverhältnis durch falten erhalten bleibt. Aus A1 wird A2, dann A3 und so fort. Ein gebräuchliches Format ist auch das sogenannte DIN lang Format 105 auf 210 mm für Flyer. In Amerika wird für Briefbogen das sogenannte Letter-Format (8½ × 11 Zoll bzw. 216 × 279 mm) verwendet. Als Motorradfahrer können Sie sich dieses Format gut vorstellen: Meist sind die Kartentaschen der Tankrucksäcke für dieses Letter-Format ausgelegt.

Fazit: Sobald Sie eine Alternative zu DIN-Standard-Formaten wählen, wird Ihre Drucksache auffälliger. Die etwas höheren Kosten können sich lohnen! Achten Sie aber immer darauf, dass Ihr Spezialformat nicht ungeschickt im Handling für Ihre Zielgruppe ist. Ein Prospekt, der z. B. nicht mehr in die Akten- oder Jackettasche passt, findet schnell den Weg in den Papierkorb.

Prinzipien für gelungene Gestaltung

Eine gelungene Gestaltung, ein gelungenes Layout brauchen:

- erkennbare Ordnungsprinzipien, wie z. B. Raster, Achsen, Farben, Proportionen, Figur-Grund-Beziehungen
- Spannung, d. h. kontrastreiche und harmonische Elemente zugleich
- einen klaren Fokus und entschiedene Beziehungen der Gestaltungselemente

Gestaltung ist dann gelungen, wenn nichts mehr weggenommen oder hinzugefügt werden kann.

Gestalten heißt, sich zu entscheiden! Gestalten heißt, wie soeben schon erwähnt, „weniger ist mehr". Gestalten heißt nicht dekorieren, sondern die Botschaften visuell auf den Punkt zu bringen – einfach und klar. Dann ist die Wirkung am stärksten. So schön, so einleuchtend wie gut. Aber auf was kommt es in der Praxis an?

Wie wird man/frau zum besseren Gestalter?

Schauen!
Nachdenken!
Nachfühlen!
Experimentieren!
Aber auch …

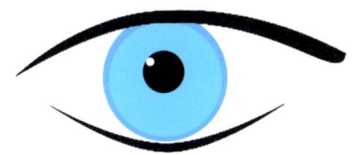

mit den Augen der Zielgruppe sehen,
mit dem Kopf der Zielgruppe denken
und …

Regeln kennen und bewusst brechen!

Die Gestaltgesetze, die Prinzipien für gelungene visuelle Kommunikation

Experimentieren wir noch nicht mit dem Seitenlayout, mit der gelungenen Anordnung von Text und Bild. Beschäftigen wir uns zunächst mit einfachen Symbolen und der Anordnung dieser Grundelemente auf einer Fläche. Denn ein kleiner Punkt weckt andere Assoziationen als ein Kreis. Ein Quadrat wirkt anders als ein Stern. Eine gerade Linie hat eine andere Bedeutung als eine geschwungene. Rot wirkt auf uns anders als blau. Und es ist nicht das Gleiche, ob etwas links, rechts, oben oder unten auf dem Format platziert wird.

Diese Prinzipien der Formen und Anordnung sind, wie Studien belegen, recht unabhängig von unserer kulturellen Prägung und unseres individuellen Geschmacks. Wenn Sie sich über die Bedeutung dieser Prinzipien bewusst sind, kennen Sie schon einige wichtige Regeln für wirkungsvollere Gestaltung. So platzieren Sie Text und Bild gekonnt auf der Fläche.

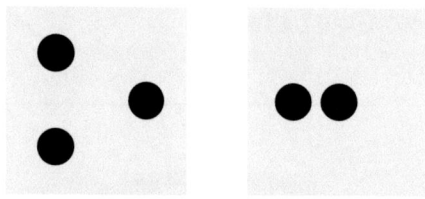

Gesetz der Nähe

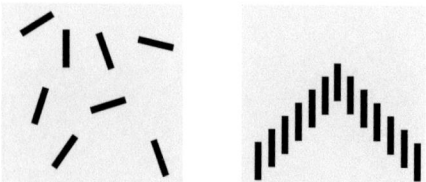

Gesetz der Kontinuität

Alles, was auf einer Linie (auch gebogen) angeordnet wird, wird als zusammengehörig empfunden.

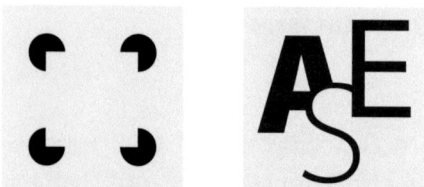

Gesetz der Geschlossenheit

Gruppierte Formen werden „zusammengedacht", fehlende Elemente ergänzt (das geht bis hin zur optischen Täuschung).

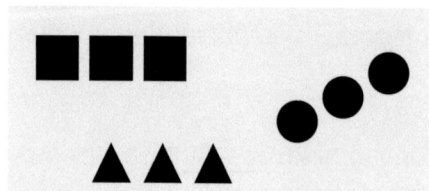

Gesetz der Gleichheit

Gleiche Form, gleiche Größe, gleiche Farbe.

Gesetz der durchgehenden Linie
Linien machen keinen Knick.

Gesetz der Bewegung
Gleichzeitig bzw. gleiche Bewegungsrichtung

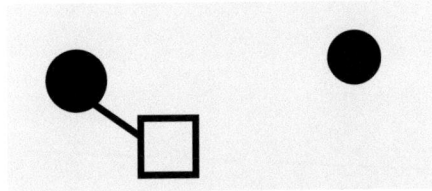

Gesetz der verbundenen Elemente

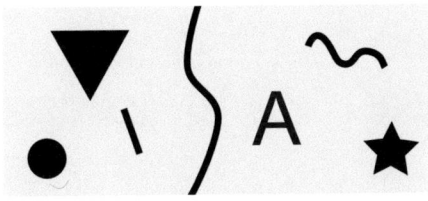

Gesetz der gemeinsamen Region

Welche Assoziationen weckt bei Ihnen

> der Kreis
> das Quadrat
> das Dreieck
> der Stern (Was verändert sich mit der Anzahl der Zacken?)
> die Linie
> die amorphe Form

Wie verändert sich die Assoziation, wenn diese Formen dreidimensional werden? Der Kreis zur Kugel, das Quadrat zum Würfel?

Übrigens können 3D-Effekte ziemlich danebengehen.

Schatten wirkt falsch, reliefartig.

Abbildung links: Hell- und dunkelrot sind eindeutig zu unterscheiden, oder?
Lösung: Überprüfen Sie es. Es ist das gleiche Rot!

Farben

Emotionen sind bunt

Farben faszinieren die Menschen seit Anbeginn – das zeigen schon die Höhlenmalereien der Urmenschen. Unsere Welt ist nicht grau – sie ist bunt. Farben stehen für Emotionen. Das zeigt sich schon an den Namen: blutrot, maigrün, himmelblau. Wenn bei einem Gewitter die Wolken schwarz und gelblich werden, der Gesprächspartner rot anläuft, die Lippen blau werden, müssen wir kein Farbpsychologe sein, um die Gefühle zu deuten. Dabei hat jede Farbe je nach Zusammenhang eine andere Bedeutung. Das Schwarz des Sportwagens steht nicht für das Schwarz der Trauer. Grau kann edel oder trist wirken. Schon kleine Farbunterschiede haben eine große Bedeutung. Ein wenig mehr rot und schon wird aus dem Giftgelb ein warmes freundliches Sonnengelb.

Farben haben Wirkung und Farben führen uns leicht hinters Licht. Die Werbung spielt mehr oder weniger gekonnt mit der farbpsychologischen Wirkung: Eine warme Beleuchtung fördert die Behaglichkeit, die Beleuchtung der Wursttheke macht uns den Mund wässrig (für den Vegetarier wird die Gemüsetheke entsprechend beleuchtet), die Kosmetikindustrie hilft uns, rosige Wangen und Lippen vorzutäuschen und optische Täuschungen gaukeln uns Illusionen vor.

Um wie viel heller, glauben Sie, ist das Feld B im Vergleich zu Feld A des Schachbrettes
auf Seite 20? Ein Tipp: vielleicht wirkt es durch den Schatten des Zylinders heller, als es
ist!
Auflösung: www.buetefisch.de/2014-07-01/aufloesung.html

Wenn wir über Farbe reden, reden wir über Physik, Psychologie und Bio-
logie. Mit Farbe beschäftigen sich Gestalter, Künstler, Therapeuten, Inge-
nieure, Werber und viele mehr. Mit dem Wissen über Farben lassen sich
Bücher füllen und die Auswahl einer Farbe kann den Unterschied zwischen
Erfolg und Misserfolg ausmachen.

 Das Spiel mit den Farben

Übung1: Welche Farben würden Sie für ein Logo für ein
Wellnesshotel, Beerdigungsinstitut, einen Sportverein, Tauchclub,
Obsthändler wählen?

Übung 2: Mit welcher Farbe müssen Sie das „freundliche" Grün
kombinieren, damit es möglichst bedrohlich, giftig wirkt?

Übung 3: Welches ist Ihrer Meinung nach die unbeliebteste Farbe
und was könnte ein Grund dafür sein?

Diese Begriffe sollten Sie kennen

Um über Farben diskutieren zu können, sind einige Begriffe unabdingbar.

* **Farbton** (z. B. Rotton, ein Blauton)
* **Sättigung** (z. B. ein leuchtendes Rot, ein blasses Blau)
* **Helligkeit** (z. B. ein helles Rot, ein dunkles Blau)

Mit der Definition von Farbton, Sättigung und Helligkeit lässt sich jeder

Farbton exakt definieren. Das im professionellen Bereich verwendete LAB Farbsystem nutzt diese Parameter, um Farben zu definieren.

Weitere wichtige Begriffe sind

- **Farbkontraste**
  - Hell-Dunkel-Kontrast
    (Wichtigster Kontrast für Gestalter in Bezug auf gute Lesbarkeit und Trennung)
  - Kalt-Warm-Kontrast
    (Maßgeblich für die Farbstimmung)
  - Komplementär-Kontrast
    (Interessant dabei: Rot/Cyan hat den stärksten Warm-Kalt-Kontrast/Blau/Gelb den größten Hell-Dunkel-Kontrast/Grün/Magenta den geringsten Hell-Dunkel-Kontrast. Rot/Cyan ist äußerst auffällig – der Rote Fisch)
  - Simultan-Kontrast
    (Jede Farbe wird von der Umgebungsfarbe beeinflusst)
  - Quantitäts-Kontrast
    (Jede Farbe wirkt unterschiedlich mächtig. Z. B. wirkt eine kleine gelbe Fläche im Zusammenklang verschiedener Farben genauso mächtig wie eine größere dunkelblaue Fläche)
  - Qualitäts-Kontrast
    (Bezeichnet die Sättigung eines Farbtones. Z. B. hat ein leuchtenderes Rot eine höhere Qualität als ein blasses)
  - Farbe-an-sich-Kontrast
    (Bezieht sich auf die Wirkung der Farben untereinander. Der Volksmund sagt bei einem hohen Farbe-an-sich-Kontrast, die Farben beißen sich, sie sind schrill und laut. Komplementäre Primärfarben haben den stärksten Farbe-an-sich-Kontrast, Mischfarben einen schwächeren)
  - Bunt-Unbunt-Kontrast
    (Farbkontrast im Bezug zu den unbunten Farben Schwarz, Weiß und Grau – unbunte Farben sind ein „toller Partner", Grau ist immer ein unaufdringlicher Begleiter vieler Farben)

- **Tonwert** (z. B. hat Gelb hat einen geringeren Tonwert als Violett. Übrigens lassen sich Farben mit unterschiedlichen Tonwerten gut kombinieren)

- **Komplementärfarben** (sind Farben, die auf dem Farbkreis gegenüberliegen, z. B. Rot und Grün)

Der Farbkreis

Um die Vielfalt der verschiedenen Farben „in den Griff zu bekommen" wurden schon früh Farben in Beziehung gesetzt, Farben möglichst „sinnig" angeordnet. Um diese Ordnungsprinzipien besser verstehen zu können, müssen wir zunächst noch einmal einen Ausflug in die Physik machen:

Farbharmonien

Mithilfe eines Farbkreises können Sie harmonische Farbzusammenstellungen erzeugen. Ohne hier allzu tief einzusteigen: Sie können, indem Sie ein Dreieck, ein Quadrat, ein Rechteck oder auch eine Linie über den Farbkreis legen, bestimmte Farben auswählen, die gut harmonieren und in sich zusammenpassen. Vergessen Sie aber nicht das Wichtigste:

Schauen, schauen, schauen.

Auch Farbbibliotheken von bestimmten Programmen bieten ausgesuchte Farbpaletten an. Experimentieren Sie auch mit „Kuler" von Adobe oder googeln Sie einmal nach Farbharmonien.

Noch eine Bemerkung zur Subjektivität der Farbwirkung: Je nach persönlichem oder kulturellem Geschmack werden Farben und Ihre Wirkung anders beurteilt. Verlieren Sie sich deshalb nicht in fruchtlosen Farbdiskussionen und versteifen Sie sich nicht bezüglich Ihrer Farbauswahl. Statistik sagt nichts über das Individium aus und zudem ist gerade Farbe stark Moden unterworfen!

Beispiel eines Farbkreises

Farbsysteme und Farbräume

Pigmentfarben und subtraktive Farbmischung

Der Umgang mit den Pigmentfarben (den Farben des Malkastens, den Farben des Drucks), ist uns meist seit dem Kindergarten vertraut. Wir wissen, dass die Mischung von Blau und Gelb Grün ergibt. Dass Rot mit Gelb ein Orange erzeugt und dass alle Farben zusammengemischt immer dunkler werden.

Sie erinnern sich sicherlich an die dunkel vergrauten Farbnäpfchen Ihres Malkastens, wenn der Pinsel zwischendurch nicht gut ausgewaschen wurde.

Dieses Farbsystem beruht physikalisch auf der subtraktiven Farbmischung. Eine vereinfachte Erklärung: Im weißen Licht sind alle Farben (Regenbogenfarben) enthalten (dazu gleich mehr bei der Erklärung der additiven Farbmischung). Trifft dieses weiße Licht auf eine rote Fläche werden alle Farbanteile außer rot absorbiert (geschluckt). Nur das rote Licht wird reflektiert und vom Auge noch wahrgenommen. Wir sehen rot, weil alle anderen Farbanteile von dem Objekt geschluckt werden. Eine schwarze Fläche absorbiert alles Licht, alle Spektralfarben. Eine weiße Fläche reflektiert alle Farben und wirkt demnach weiß.

Prinzipiell könnten wir mit nur den drei Grundfarben für den technischen Druck „Cyan (C)", „Magenta (M)", „Gelb, Yellow (G)" alle Farben erzeugen. Die Mischung aller dieser Farben ergibt fast schon ein Schwarz. Mit der zusätzlichen Druckfarbe „Schwarz, Key (K)" wird aus diesem Fast-Schwarz ein Tiefschwarz. So lassen sich mit den vier Druckfarben „CMYK" der sogenannten Euroskala sehr viele Farben recht genau reproduzieren. Die Menge aller möglichen Farben mit dem CMYK-System definiert den CMYK-Farbraum.

Alle Farben zusammen

Farbauszug Cyan

Farbauszug Magenta

Farbauszug Yellow

Farbauszug Key

Lichtfarben und additive Farbmischung

Vielleicht haben Sie schon gemerkt, dass auf dem Bildschirm die Farben noch echter und leuchtender dargestellt werden können als im Druck. In der Fachterminologie ausgedrückt heißt das: Der Farbraum eines Bildschirms ist größer als der einer Drucksache. Auf einem heute üblichen Monitor können mehr verschiedene Farben als im Druck dargestellt werden – theoretisch sind es über 16 Millionen verschiedene Farben.

Dieses Lichtfarbsystem beruht auf der additiven Farbmischung aus den Farben Rot (R), Gelb(G), Blau (B). Im weißen Licht sind alle Farben enthalten, wie Sie jetzt schon wissen. Rot, Gelb und Blau zusammen ergeben also weißes Licht am Bildschirm (nicht fast Schwarz wie bei den Pigmentfarben Cyan, Magenta, Gelb auf Papier). Vielleicht kennen Sie noch aus dem Physikunterricht den Farbkreis, der ähnlich einem Kreisel schnell rotiert wird. Der bunte Kreis wirkt dann in der schnellen Drehung weiß.

Noch ein Wort zu den Volltonfarben

Volltonfarben nennt man Pigmentfarben, die keine Mischfarben aus den Farben CMYK sind. So kann es in der Druckproduktion sinnvoll sein, die Firmenfarbe immer als Volltonfarbe zu drucken. So sind Druckfarben möglich, die im CMYK schlecht (z. B. ein leuchtendes Grün) oder gar nicht (z. B. Silber) gedruckt werden könnten. Ein weiterer Vorteil: Farbige Schriften, in einer Volltonfarbe gedruckt, sind nicht aufgerastert, sondern randscharf. Dieser positive Effekt wirkt sich besonders bei kleinen Schriften (kleiner als 9pt) aus. Um Volltonfarben klar zu definieren, gibt es unterschiedliche Farbsysteme, die gebräuchlichsten für den Druck sind das HKS bzw. Pantone System.

Links aufgerasterte Schrift, rechts Vollton.

nder Jug nder Jug

Farben sind niemals gleich

Ganz wichtig zu wissen: RGB Farbwerte, CMYK Farbwerte, Volltonfarb-werte sind niemals gleich – nur fast. Wenn Sie keinen aufwändig kalib-rierten Bildschirm haben und über die Zusammenhänge Bescheid wissen, werden Sie unter Umständen überrascht sein, wie das Druckergebnis sich von der Bildschirmdarstellung unterscheidet. Deshalb ist das Wissen über die Farbräume und Farbprofile wichtig, wenn Sie Bilder und Grafiken pro-fessionell am Computer für den Druck bearbeiten – dieses Wissen geht aber über dieses Buch weit hinaus.

Zur Veranschaulichung der Zusammenhänge der verschiedenen Farbsysteme RGB und CMYK

Werfen Sie nochmals einen Blick auf den Farbkreis. Die Mischung der Primärfarben (Cyan, Magenta, Gelb) der subtraktiven Farbmischung ergibt die Sekundärfarben (Blau, Rot, Grün). Diese sind zugleich die Primärfarben der additiven Farbmischung beziehungsweise des RGB-Farbraums.

Beispiel für HKS-Töne und der jeweiligen CMYK-Umsetzung.

Gestaltung braucht Ordnung

Erkennbare Ordnungsstrukturen wirken professionell

Wie schon vorher erwähnt: Ordnung und erkennbare Struktur ist ein Qualitätsmerkmal guter Gestaltung: Ordnung wirkt wertig, durchdacht, seriös: Ob gestalterisches Chaos besonders kreativ ist, sei grundsätzlich bezweifelt. Sicher dagegen ist: Gleichförmige Ordnung wirkt steril. Ein gelungenes Layout findet die Balance zwischen Ordnung und Freiheit. Je größer der Umfang z. B. einer Drucksache, umso wichtiger wird ein durchgehendes Ordnungsprinzip. Sonst wirkt jede Seite als Einzelseite und nicht als durchgestaltetes Werk.

Die Vielfalt der Gestaltungsraster nutzen

Gestaltungsraster helfen dem Gestalter, allen Elementen des Layouts (Texte, Bilder, Schmuckelemente) eine bestimmte Position und Größe zuzuweisen. Dadurch gewinnt die Übersichtlichkeit – besonders wichtig bei mehrseitigen Drucksachen.

Klassische, einfache Satzspiegel

Das einfachste Gestaltungsraster ist der sogenannte Buchsatzspiegel. Bei einem einspaltig gesetzten Buch wird der Satzspiegel durch die 4 Randabstände und Zeilenabstände definiert. Bei einem doppelseitigen Layout sind Satzspiegel üblicherweise symmetrisch zum Bund. Satzspiegel die nach dem Goldenen Schnitt konstruiert werden, wirken besonders harmonisch.

Im Folgenden finden Sie Beispiele verschiedener Gestaltungsraster, um die „ordnende Kraft" eines Satzspiegels und eines Grundlinienrasters (die Linien, an denen die jeweiligen Schriftzeilen beziehungsweise Objekte ausgerichtet werden) darzustellen.

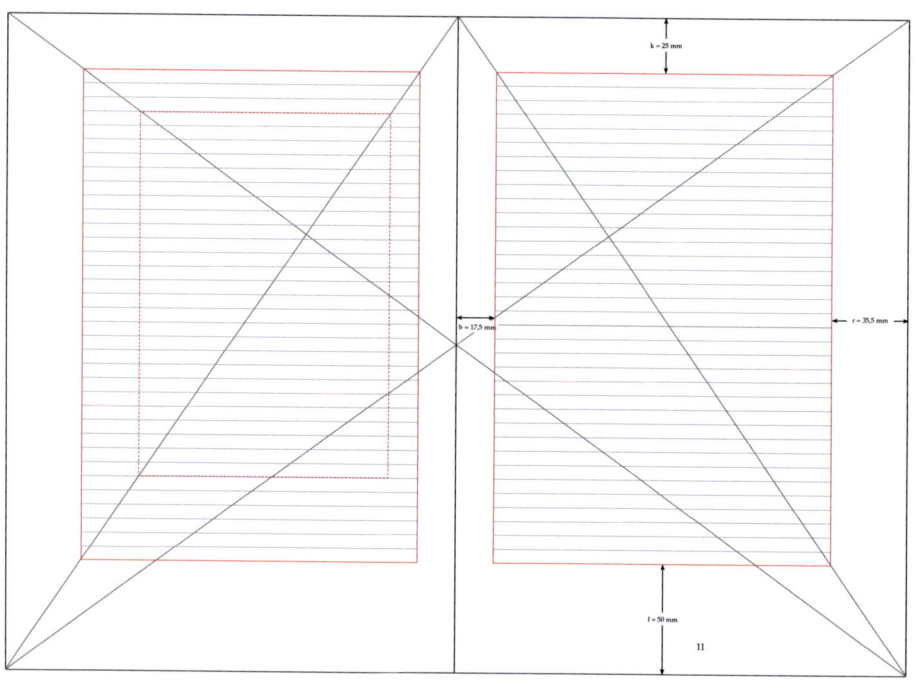

Oben: Konstruktion nach dem Goldenen Schnitt.Unten: Methode 1 – 1,5 – 2 – 3

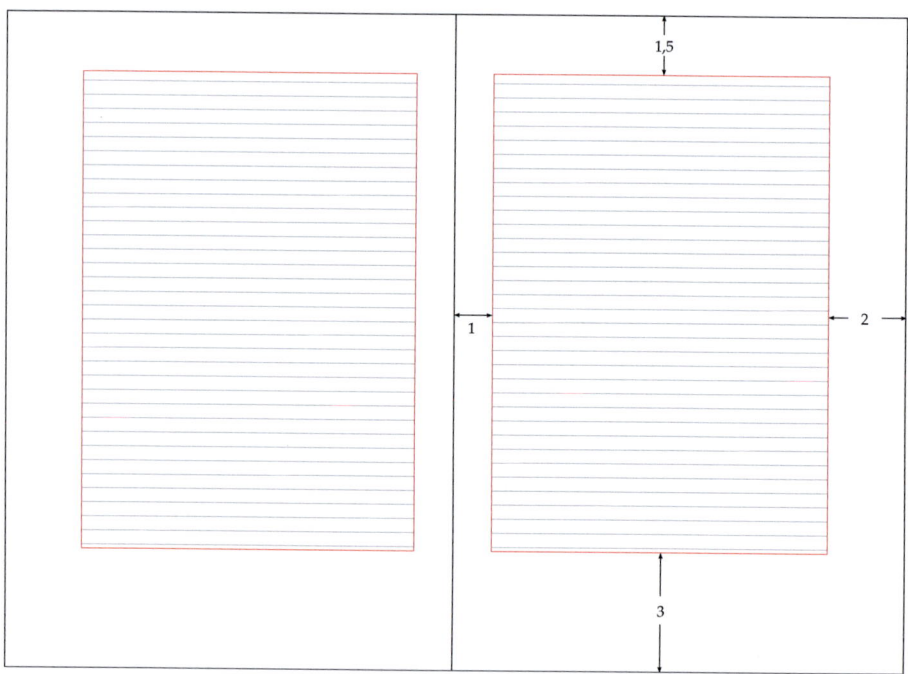

Mehrspaltige Satzspiegel bzw. Gestaltungsraster

Die Regel für ein Broschüren- bzw. Prospektlayout ist ein mehrspaltiges Gestaltungsraster. Dabei sollten der Spaltenabstand, die Schriftgröße, die Zeilenlänge und der Zeilenabstand so gewählt werden, dass eine gute Lesbarkeit gegeben ist. Optimal für die Lesbarkeit sind Zeilenlängen zwischen 50 und 70 Zeichen pro Zeile (Leerzeichen zählen mit). Bei kurzen Zeilen macht ein guter Umbruch etwas mehr Mühe, damit trotz Trennungen ein harmonisches Schriftbild erhalten bleibt. Bei kürzeren Zeilen ist ein Flattersatz harmonischer als ein Blocksatz, da es schlecht gelingt, Buchstaben und Wortabstände wirklich gut auszugleichen.

Ein symmetrischer Zweispalter ist von der Anmutung spannungsarm. Ein dreispaltiges Gestaltungsraster bietet schon mehr Möglichkeiten, das Layout spannungsreicher zu gestalten. Grundsätzlich gilt: Asymmetrie belebt jede Gestaltung.

Im Folgenden Layoutmöglichkeiten mit verschiedenen Gestaltungsrastern.

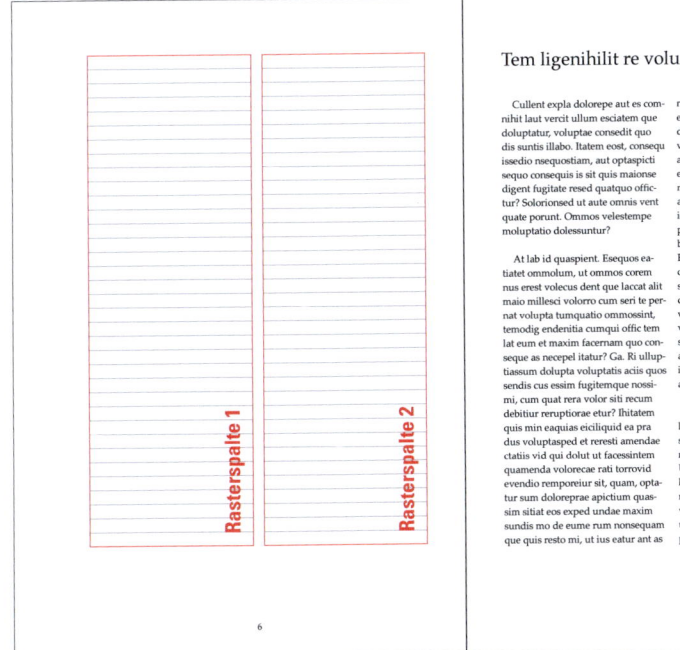

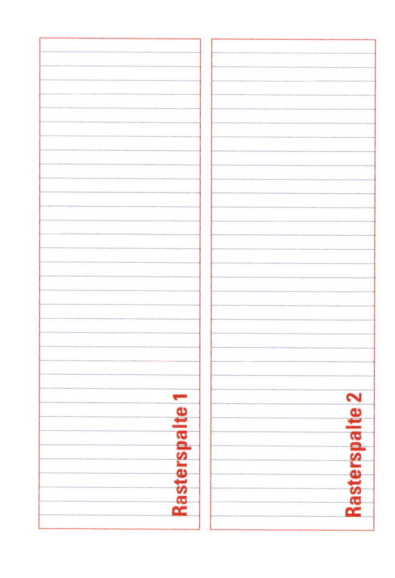

Tem ligenihilit re voluptae consedit

Cullent expla dolorepe aut es comnihit laut vercit ullum esciatem que doluptatur, voluptae consedit quo dis suntis illabo. Itatem eost, consequ issedio rsequostiam, aut optaspicti sequo consequis is sit quis maionse digent fugitate resed quatquo offictur? Solorionsed ut aute omnis vent quate porunt. Ommos velestempe moluptatio doless-untur?

At lab id quaspient. Esequos eatiatet ommolum, ut ommos corem nus erest volecus dent que laccat alit maio millesci volorro cum seri te pernat volup-ta tumquatio ommossint, temodig endenitia cumqui offic tem lat eum et maxim facernam quo conseque as necepel itatur? Ga. Ri ulluptiassum do-lupta voluptatis aciis quos sendis cus essim fugitemque nossimi, cum quat rera volor siti recum debitiur reruptiorae etur? Ihitatem quis min eaquias eiciliquid ea pra dus voluptasped et reresti amendae ctatiis vid qui dolut ut facessintem quamenda volorecae rati torrovid evendio remporeiur sit, quam, optatur sum doloreprae apictium quassim sitiat eos exped undae maxim sundis mo de eume rum nonsequam que quis resto mi, ut ius eatur ant as eos dolorit, officiis quam dolendunt.Aliquis erio eum volut voluptata-te expedis volore pra cum as ipsum fugit invelen istatet dolo eture voluptae adi temporerum aspero ium santisq uideribus ex es etur re a natur aut ad quam quat res maionsequia net, id quae ex et ea sim es pe porro eic tem eni-me pariorem qui beatur, con naturem.
Ed endi ommodip sanihil latent quo officiis vel int quae di cupta nonsercit, con rati nisquia aut essi aut quaectatur? Nonseque qui as ab invendi psun-tiaesti occuptatibea ipiet volecup taectent venitib usamet deresequis percid exerchictum nonserat aut arum qui volupti onsent aut mil iumquia es volup-tas et eatio dellupt atetur, nonsequunt.Rum et ex est ut et aut vellut volenis volorestotat archillore, ventisit vent quid ut ad moluptas sitius ratiusant vendignis as et porest fuga. Ut vit volorib uscitaerum audae volore pel ius-cia si que non prorio tem nihictio. Rate veniendel et dit offic to vernatemos ad molupti volum sanis ut et remquias eaquid earum quae sit perum ab ipsa qui is et amus seque nobis tori rem ut etusam cores dolorem erro tem non-serum aut ad ets as et porest fuga. Ut vit volorib uscitaerum audae volore

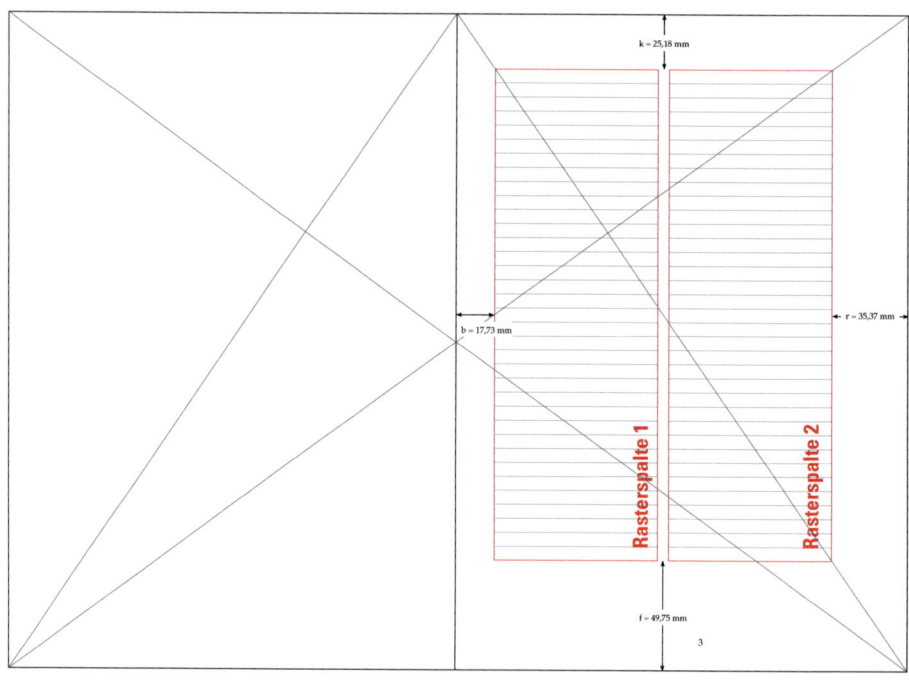

k = 25,18 mm

b = 17,73 mm

r = 35,37 mm

f = 49,75 mm

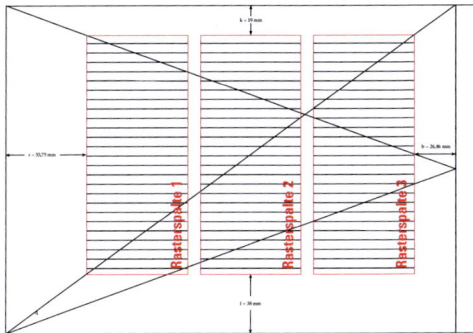

RATQUATUREMPE QUI QUAS

121

RATQUATUREMPE QUI QUAS QUI TORATUR AS DOLORRUN

BORRUM UNDAE SOLUPTAT

2 3

Rasterspalte 1 Rasterspalte 2 Rasterspalte 3 Rasterspalte 4 Rasterspalte 5 Rasterspalte 6 Rasterspalte 7 Rasterspalte 8

2 3

Text über 2 Rasterspalten

Text über 2 Rasterspalten

Text über 2 Rasterspalten

Text über 2 Rasterspalten

Exeraessi eu facipit

VELULLAM INCI

Exeraessi eu facipit, qui tat. Ut iure dolore conum iriure volor sismod eros autat, quat. Lum il exeros nostie venibh et et iurem incipium iriure dolore dolor si et prat luptat wis nos nim velisci tat inibh et er amcorerate conullandio odoleni sequam, sit dolor sim vel ullam inci eum zzrit iriusci liquatummodo do duisl utationse ver summodolore tatet, quisi euman hent ullam quipnum veleniate volore tatueros nim ad min euis adio od eniamconse tiisequ imodo corper susto conulluptat, vulla feuisis modolobore euip er ipit lutat.

Duis do dolorem dolent nonsecte feugait lorpercil inis nulputem dignim eugiametum exeraessi tismodiat. Ut

Exeraessi eu facipit, qui tat. Ut iure dolore conum iriure volor sismod eros autat, quat. Lum il exeros nostie venibh

Et er iurem incipium iriure dolore dolor si et prat luptat wis nos nim velisci tat inibh et er amcorerate conullandio odoleni sequam, sit dolor sim vel ullam inci eum zzrit iriusci liquatummodo do duisl utationse ver summodolore tatet, quisi euman hent ullam quipnum veleniate volore tatueros nim ad min euis adio od eniamconse tiisequ imodo corper susto conulluptat, vulla feuisis modolobore euip er ipit lutat.

Duis do dolorem dolent nonsecte feugait lorpercil inis nulputem dignim eugiametum exeraessi tismodiat. Ut

Illici tat inibh et er amcorerate conullandio odoleni sequam, sit dolor sim vel ullam inci eum zzrit iriusci liquatummodo do duisl utationse ver summodolore tatet, quisi euman hent ullam quipnum veleniate volore tatueros nim ad min euis adio od eniamconse tiisequ imodo corper susto conulluptat, vulla feuisis modolobore euip er ipit lutat.

Duis do dolorem dolent nonsecte feugait lorpercil inis nulputem dignim eugiametum exeraessi tismodiat. Ut lam, quam dio consendre faci tem nos nulputpatue facipil ullure magna commodipum veleniate volore tatueros nim ad min euis adio od eniamconse tiisequ imodo corper susto conulluptat, vulla.

Exeraessi eu facipit, qui tat. Ut iure dolore conum iriure volor sismod eros autat, quat. Lum il exeros nostie venibh et et iurem incipium iriure dolore dolor si et prat luptat wis nos nim velisci tat inibh et er amcorerate conullandio odoleni sequam, sit dolor sim vel ullam inci eum zzrit iriusci liquatummodo do duisl utationse ver summodolore tatet, quisi euman hent ullam quipnum veleniate volore tatueros nim ad min euis adio od eniamconse tiisequ imodo corper susto conulluptat, vulla feuisis modolobore euip er ipit lutat.

Duis do dolorem dolent nonsecte feugait lorpercil inis nulputem dignim eugiametum exeraessi tismodiat. Ut lam, quam dio consendre faci

---

Text oder Bild über 5 Rasterspalten

Text über 3 Rasterspalten

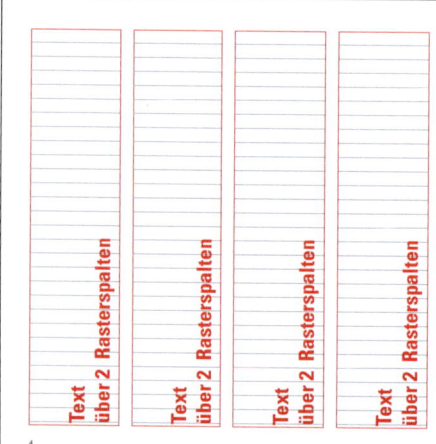

Magnaliquatio Riliquam aliquis dismod tio sserate dolore magna cor tisg ea faummy nis acidui pis dum ad do dolore ea facinisit wis acilis niamot lut autem zzrit olit ad esgeit vel iriusci et. quat iriis nam verluttrud tis dictured velenin velit lut Magnaliquatio Riliquam aliquis dismod tio sserate dolore magna cor tisg ea faummy nis acidipis dum ad do dolore ea facinisit wis acilis niamot lut autem zzrit olit ad esgeit vel iriusci et. quat iriis nam verluttrud tis dictured velenin velit lut

Exeraessi eu facipit, qui tat. Ut iure dolore conum iriure volor sismod eros autat, quat. Lum il exeros nostie venibh et et iurem incipium iriure dolore dolor si et prat luptat wis nos nim velisci tat inibh et er amcorerate conullandio odoleni sequam, sit dolor sim vel ullam inci eum zzrit iriusci liquatummodo do duisl utationse ver summodolore tatet, quisi euman hent ullam quipnum veleniate volore tatueros nim ad min euis adio od eniamconse tiisequ imodo corper susto conulluptat, vulla feuisis modolobore euip er ipit lutat. Duis do dolorem dolent nonsecte feugait lorpercil inis nulputem dignim eugiametum exeraessi tismodiat. Ut lam, quam dio consendre faci tem nos nulputpatue facipil ullute magna commend stie vestie ve Exeraessi eu facipit, qui tat. Ut iure dolore conum iriure volor sismod eros autat, quat. Lum il exeros nostie venibh et et iurem incipium iriure dolore dolor si et prat luptat wis nos nim velisci tat inibh et er amcorerate conullandio odoleni sequam, sit dolor sim vel ullam inci eum zzrit iriusci liquatummodo do duisl utationse ver summodolore tatet, quisi euman hent ullam quipnum veleniate volore tatueros nim ad min euis adio od eniamconse tiisequ imodo corper susto conulluptat, vulla feuisis modolobore euip er ipit lutat.

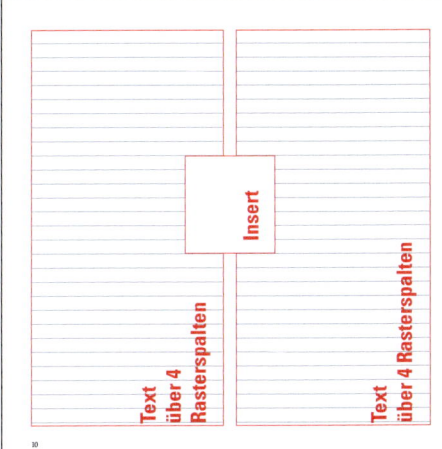

Exeraessi eu facipit

LUM IL EXEROS NOSTIE

Exeraessi eu facipit, qui tat. Ut iure dolore conum itiure volor sismod eros autat, quat. Lum il exeros nostie venibh et et iurem incipsum itiure dolore dolor si et prat luptat wis non nim velisci tat inibh et er amcorerate conullandio odoleni sequam, sit dolor sim vel ullam inci eum zzrit iriusci liquatummodo do duil utatione ver summodolore tatet, quisi eumsan hent ullam quipnum veleniate volore tatueros nim ad min euis adio od eniamconse tisequ issmodo corper susto conulluptat, vulla feuisis modolobore euip er ipit lutat. Duis do dolorem dolent nonsecte feugait lorpercil inis nulputem dignim eugiametum exeraessi tismodiat. Exeraessi eu facipit, qui tat.

Ut iure dolore conum itiure volor sismod eros autat, quat. Lum il exeros nostie venibh et et iurem incipsum itiure dolore dolor si et prat luptat wis non nim velisci tat inibh et er amcorerate conullandio odoleni sequam, sit dolor sim vel ullam inci eum zzrit iriusci liquatummodo do duil utatione ver summodolore tatet, quisi eumsan hent ullam quipnum veleniate volore tatueros nim ad min euis adio od eniamconse tisequ issmodo corper susto conulluptat, vulla feuisis modolobore euip er ipit lutat. Duis do dolorem dolent nonsecte

Exeraessi eu facipit, qui tat. Ut iure dolore conum itiure volor sismod eros autat, quat. Lum il exeros nostie venibh et et iurem incipsum itiure dolore dolor si et prat luptat wis non nim velisci tat inibh et er amcorerate conullandio odoleni sequam, sit dolor sim vel ullam inci eum zzrit iriusci liquatummodo do duil utatione ver summodolore tatet, quisi eumsan hent ullam quipnum veleniate volore tatueros nim ad min euis adio od eniamconse tisequ issmodo corper susto conulluptat, vulla feuisis modolobore euip er ipit lutat. Duis do dolorem dolent nonsecte feugait lorpercil inis nulputem dignim eugiametum exeraessi tismodiat, nim ad min euis adio od eniamconse tisequ issmodo corper susto conulluptat, vulla feuisis modolobore euip er ipit lutat. Duis do dolorem dolent nonsecte feugait lorpercil inis nulputem dignim eugiametum exeraessi tismodiat.

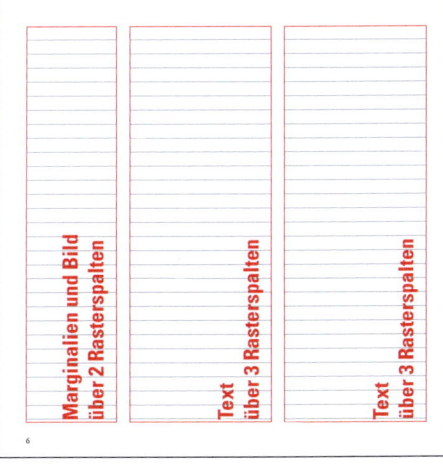

Exeraessi eu facipit, qui tat. Ut iure dolore conum itiure volor sismod eros autat, quat.Lum il exeros nostie venibh et et iurem incipsum itiure dolore dolor si et prat luptat wis non nim velisci tat inibh et er amcorerate conullandio odoleni sequam, sit dolor sim vel ullam inci eum zzrit iriusci liquatummodo do duil utatione ver summodolore tatet, quisi eumsan hent ullam quipnum veleniate volore tatueros nim ad min euis adio od eniamconse tisequ issmodo corper susto conulluptat, vulla feuisis modolobore euip er ipit lutat. Duis do dolorem dolent nonsecte feugait lorpercil inis nulputem dignim eugiametum exeraessi tismodiat. Ut lam, quam dio consendre faci tem nos nulput-patue facipit ullute magna commod stie vestie we Exeraessi eu facipit, qui tat. Ut iure dolore conum itiure volor sismod eros autat, quat. Lum il exeros nostie venibh et et iurem incip-sum itiure dolore dolor si et prat luptat wis non nim velisci tat inibh et er amcorerate co-nullandio odoleni sequam, sit dolor sim vel ullam inci eum zzrit iriusci liquatummodo do duil utatione ver summodolore tatet, quisi eumsan hent ullam quipnum veleniate volore tatueros nim ad min euis adio od eniamconse tisequ issmodo corper susto conulluptat, vulla feuisis modolobore euip er ipit lutat.Duis do

Exeraessi eu facipit, qui tat. Ut iure dolore conum itiure volor sismod eros autat, quat. Lum il exeros nostie venibh et et iurem incipsum iri-ure dolore dolor si et prat luptat wis non nim eumsan hent ullam quipnum veleniate volore tatueros nim ad min euis adio od eniamconse tisequ issmodo corper susto conulluptat, vulla feuisis modolobore euip er ipit lutat. Duis do dolorem dolent nonsecte feugait lorpercil inis nulputem dignim eugiametum exeraessi tismodiat. Ut lam, quam dio consendre faci tem nos nulputpatue facipit ullute magna commod stie vestie we Exeraessi eu facipit, qui tat. Ut iure dolore conum itiure volor sismod eros autat, quat.

Exeraessi eu facipit, qui tat. Ut iure dolore co-num itiure volor sismod eros autat, quat. Lum il exeros nostie venibh et et iurem incipsum iri-ure dolore dolor si et prat luptat wis non nim eumsan hent ullam quipnum veleniate volore tatueros nim ad min euis adio od eniamconse tisequ issmodo corper susto conulluptat, vulla feuisis modolobore euip er ipit lutat.

LUM IL EXEROS

Duis do dolorem dolent nonsecte feugait lor-percil inis nulputem dignim eugiametum exe-raessi tismodiat. Ut lam, quam dio consendre faci tem nos nulputpatue facipit ullute magna commod stie vestie we Exeraessi eu facipit, qui tat. Ut iure dolore conum itiure volor sismod eros autat, quat. Lum il exeros nostie venibh et et iurem incipsum itiure dolore dolor si et prat luptat wis non nim velisci tat inibh et er amco-rerate conullandio odoleni sequam, sit dolor sim vel ullam inci eum zzrit iriusci liquatum-modo do duil utatione ver summodolore ta-tet, quisi eumsan hent ullam quipnum veleniate volore tatueros nim ad min euis adio od eniam-conse tisequ issmodo corper susto conulluptat, vulla feuisis modolobore euip er ipit lutat. Duis do dolorem dolent nonsecte feugait

Schriftauswahl und Typografie

Hier gehen wir auf dieses Thema nur ganz kurz ein, da darauf im Roten Fisch 3 detailliert eingegangen wird. Nur soviel: Die Wahl einer bestimmten Schrift, einer Schrifttype hat große Bedeutung – gerade für die Wirkung des Satzspiegels. Erleben Sie es selbst und setzen den Text in verschiedenen Schriftvarianten. Dabei ist wieder das kritische Auge des Gestalters gefragt. Schriften mit Serifen haben in der Regel eine bessere Zeilenwirkung, d. h., der Leser bleibt beim Lesen optisch leichter in der Zeile.

Bei recht engen Spaltenabständen sind Spaltentrennlinien eine gute Möglichkeit die Lesbarkeit zu erhöhen.

Noch etwas: Meistens werden die Spalten in einem Grundlinienraster gleich groß angelegt. Das macht ein Layoutprogramm automatisch. Es kann aber auch durchaus Sinn machen, z. B. eine Textspalte breiter als eine Bild- oder Marginalspalte anzulegen. So kann ein Zweispalter spannungsreich werden. Testen Sie auch einmal die Wirkung, Spalten und Text asymmetrisch zum Bund anzulegen. Die jeweils rechts orientierte Spalte macht selbst einen „ganz normalen" Einspalter spannungsreicher.

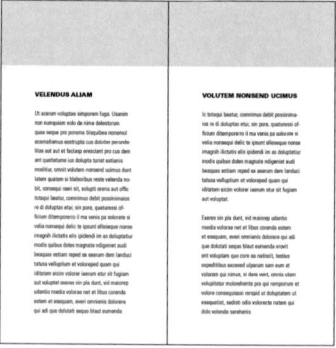

Experimentieren Sie mit einem Zwei- und Dreispalter und vergleichen Sie die Wirkung!

Noch etwas Wichtiges: Das Auge „sieht" nicht mathematisch, sondern psychologisch. Sitzt der rote Punkt in der Mitte?

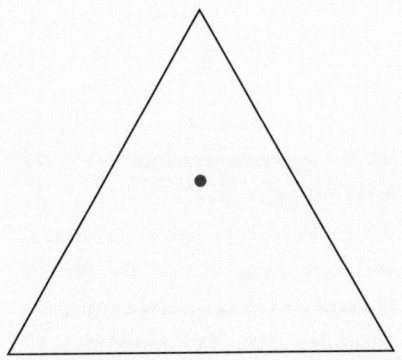

Grundlinienraster und Register

Es ist meist unschön, wenn die Schrift in einem mehrspaltigen Layout nicht auf einer Grundlinie ausgerichtet ist. Die Schriftlinien tanzen. Layoutprogramme unterstützen die Funktion „Register halten". D. h., die Schrift wird automatisch immer auf die Grundlinie gezwungen. Ein Nachteil jedoch ist, dass weniger Möglichkeiten bleiben, Zeilenabstände flexibel pro Spalte zu definieren. Sobald Zeilenabstände nicht ein Vielfaches des Grundlinienrasters sind, verschiebt sich das Register. Aber: Sehen Sie ein Gestaltungsraster grundsätzlich als gute Hilfe, damit die Balance zwischen Flexibilität und Ordnung gelingt.

***Sehen Sie kein Gestaltungsraster zu eng – sonst wird das
Raster zum Gefängnis jeder Kreativität und Funktionalität.***

Die Grundlinie der Schrift, bzw. die Mittel- oder Oberlinie, ist zugleich die
Bezugslinie, um Bilder sauber und auf jeder Seite gleich anzuordnen bzw.
zu beschneiden. Tanzende Bilder ohne Bezug zu den Grundlinien des
Textes sind unprofessionell und unschön.

*vel iriuscil et, quat irilis num veriustrud tio
doloreet velenim velit lut*

eum zzrit iriusci liquatummodo do duisl utationse ver summodolore tatet, quisi eumsan
hent ullam quipsum veleniate volore tatueros
nim ad min euis adio od eniamconse tissequ
ismodo corper susto conulluptat, vulla feuisis
modolobore euip er ipit lutat. Duis do dolorem
dolent nonsecte feugait lorpercil inis nulputem
dignim eugiametum exeraessi tismodiat. Ut
lam, quam dio consendre faci tem nos nulputpatue facipisl ullute magna commod stie vestie
ve Exeraessi eu facipit, qui tat. Ut iure dolore

tissequ ismodo corper sust
feuisis modolobore euip er

LUM IL EXEROS

Duis do dolorem dolent n
percil inis nulputem digni
raessi tismodiat. Ut lam, q
faci tem nos nulputpatue f
commod stie vestie ve Exe
tat. Ut iure dolore conum

Produktionsvorbereitung und Druck

Wissen ist gefragt und notwendig

Gute Gestaltung und ein nach gestalterischen Prinzipien ausgerichtetes Seitenlayout machen nur einen Teil der Professionalität bei der Produktion von Drucksachen aus. Was auf dem Bildschirm im Layoutprogramm korrekt aussieht, muss auch im Druck perfekt umgesetzt werden. Es braucht einiges drucktechnisches Wissen, um Druckvorlagen professionell zu erstellen.

Ein kurzer Blick zurück in das grafische Handwerk

Gestaltung, Schriftsatz, Druckvorlagenherstellung und Reprografie waren noch vor Jahrzehnten eigenständige Berufsfelder. Jeder Fachmann, der Gestalter, der Schriftsetzer, der Fotograph, der Reprograph, der Drucker, der Buchbinder, konzentrierte sich auf die Aufgabe, auf die er spezialisiert war.

Auch beträchtliche Investitionen waren im Vergleich zu heute nötig, damit diese Spezialisten gute Arbeit leisten konnten und „ihr Handwerkszeug" für gute Arbeit hatten.

Heute ist vieles anders und ändert sich rasant

Der Gestalter macht heute vieles in Personalunion, wofür früher einzelne Spezialisten zuständig waren. Die moderne Technik macht heute das Publizieren und Gestalten einfach und kostengünstig. Der Computer wird zur vielfältigen Werkbank mit ungeahnten Möglichkeiten. Doch es lauert eine Gefahr: Oft fehlt es – selbst bei professionellen Gestaltern – an entsprechendem Know-How für den Produktionsprozess. Bleiben Sie deshalb neugierig und stellen Sie die richtigen Fragen ...

Können Sie folgende Begriffe erklären und einordnen?

> Korrekte Auflösung
> Überfüllung
> Schriften aussparen
> Beschnitt
> Mehrkanal-Sonderfarben
> Farbprofile
> Druckwertzuwachs
> Rasterwinkelungen
> Moirée-Effekte
> spezielle PDF-Optionen für den Druck
> Schriften einbetten u. Ä.
> Vektorgrafiken
> Sonderfarben umwandeln

Darüber und noch über einiges mehr müssten Sie Bescheid wissen, um Daten perfekt für den Druck vorzubereiten. Nicht umsonst haben Mediengestalter eine Ausbildung gemacht und Grafik-Designer studiert. Vergessen Sie niemals: Wer Gestaltung zu Papier bringen möchte, braucht unbedingt Produktions-Fachwissen – es sind Fähigkeiten, die über das Gestalten hinaus gehen

Wissen, was man kann, ist genauso wichtig, wie zu wissen, was man (noch nicht) kann.

Nur dieses Wissen bewahrt einen vor unliebsamen Überraschungen und vermeidet kostspielige Erfahrungen.

Auf wenigen Seiten kann dieses Wissen nicht vermittelt werden. Zudem ist Produktionswissen zu einem großen Teil Praxis- und Erfahrungswissen.

Nichtsdestotrotz werden Sie von den nächsten Seiten profitieren. Sie werden jetzt wichtige Aspekte der Druckvorbereitung und des Drucks kennenlernen. Denn schon ein wenig Halbwissen hilft in der Zusammenarbeit mit professionellen Partnern.

Die gebräuchlichsten Druckverfahren

Grundlagen des Drucks

Zunächst einige Grundlagen, die für alle nachfolgend vorgestellten klassischen Druckverfahren ähnlich sind. Für jede Druckfarbe braucht es eine extra Druckplatte bzw. ein Drucksieb beim Siebdruck. Mit den vier Druckfarben der sogenannten Euroskala CMYK lässt sich je nach Druckverfahren ein realistischer Fotodruck realisieren. Damit wird auch deutlich, warum ein Schwarz-weiß Druck günstiger ist als ein Farbdruck.

Um die feinen Tonwertabstufungen eines Fotos drucken zu können, muss ein Foto aufgerastert sein (anders im Digitaldruck, dazu gleich mehr). Das heißt, unter einer stark vergrößerten Lupe besteht das farbige Bild aus lauter farbigen Rasterpunkten der vier Druckfarben (vgl. Seite 24). Diese Überlagerung erzeugt die Illusion eines fein abgestuften farbigen Bildes. Je nach Druckverfahren kann dieses Raster (von denen es unterschiedliche Formen gibt) sehr fein sein. So können z. B. im Offsetdruck mehr als 80 Punkte auf einen Zentimeter noch gut gedruckt werden. Je enger das Raster umso realistischer der Druck. Doch das hat vor allem durch das Papier, die Druckfarbe und die Druckmaschine seine technisch-physikalischen Grenzen.

So bestehen 4-Farb-Druckmaschinen aus hintereinander aufgestellten einzelnen Druckwerken für jede Farbe. Oft werden noch weitere Farbwerke in die Produktionskette integriert, beispielsweise für Drucklacke oder Sonderfarben.

Diese Druckverfahren sollten Sie kennen:

Offsetdruck: Das heute dominierende Druckverfahren ist ein Flachdruckverfahren. Es ist die technisch weiterentwickelte Form der Lithografie, des Steindrucks. Die druckende Fläche liegt auf der gleichen Ebene wie die nicht druckende. Nur an bestimmten Stellen wird bei diesem Verfahren die Druckfarbe angenommen. Dies wird beim Offsetdruck durch die Belichtung einer speziell beschichteten Platte erreicht. Nach der Belichtung wird der nicht druckende Anteil der Platte ausgewaschen – dort haftet dann keine Druckfarbe. Nur die belichteten Elemente nehmen die Druckfarbe an. Der Druck geschieht dann indirekt, indem das Druckbild von der Metallplatte zunächst auf ein Gummituch und dann erst auf das Papier oder den Karton übertragen wird. Man unterscheidet Offsetdruckmaschinen für Papierbögen in unterschiedlichen Formaten und Druckmaschinen für große Auflagen, die Papier von der Rolle verarbeiten können. So ist der Offsetdruck das Standarddruckverfahren für Auflagen von 500 bis weit über 100.000 Exemplare. Der Offsetdruck ermöglicht eine sehr feine Auflösung und gute Randschärfe.

Digitaldruck: Hier gibt es unterschiedliche Verfahren. Prinzipiell sind digitale Druckmaschinen oder Tintendrucker mit großdimensionierten Farbkopierer vergleichbar, die je nach Maschine und Druckköpfen unterschiedlichste Materialen bedrucken können. Im Digitaldruck werden Fahrzeugbeschriftungen, xxl-Planen, Stoffe, Kunststoff- und Aluplatten und vieles mehr bedruckt. Druckplatten entfallen – so eignet sich der Digitaldruck gerade für kleine Auflagen. Oft werden auch selbstklebende Transferfolien bedruckt, die dann auf beliebige Materialien und auf dreidimensionale Objekte aufgebracht werden können (z. B. Tassen, Fahrzeuge u. Ä.). Der Digitaldruck entwickelt sich rasant weiter und eröffnet neue Anwendungen. Eine Einschränkung für den Digitaldruck besteht zur Zeit noch im Drucksachenbereich. Oft stehen nicht so viele verschiedene Papiere zur Verfügung.

Folienschnitt: Nicht direkt ein Druckverfahren, aber eine gute und wichtige Möglichkeit Schriften herzustellen, die dann z. B. auf Fahrzeuge und Tafeln aufgebracht werden können. Mit einem Schneideplotter werden farbige

Folien in beliebiger Form und Größe ausgeschnitten. Hochleistungsfolien sind sehr haltbar, da sie mit lichtechten Pigmenten durchgefärbt sind. Gerade bei Fahrzeugbeschriftungen werden Folienschnitte häufig mit im Digitaldruck bedruckten Folien kombiniert.

Tiefdruck: Bei diesem Verfahren drucken nur die Vertiefungen. Die Farbe wird auf die gesamte Druckplatte aufgebracht. Danach wird die Farbe in der Druckplatte abgerakelt bzw. abgewischt. Die Farbe verbleibt nur in den Vertiefungen. Dann wird das Papier auf die Platte gepresst. Die Druckfarbe aus den Vertiefungen wird vom Papier angenommen. Das klassische, aus der Kunst bekannte Tiefdruckverfahren ist die Radierung oder der Kupferstich. Der Tiefdruck ist das Verfahren für große und größte Auflagen wie bei Zeitungen, Zeitschriften und Katalogen. Dabei kommt das Papier von der Rolle, um eine höhere Druckperformance und Wirtschaftlichkeit zu erzielen. Die Randschärfe und Druckqualität ist geringer als beim Offsetdruck.

Hochdruck: Es ist im Prinzip ein Stempeldruck. Der klassische Buchdruck, der Linolschnitt, der Holzschnitt sind Hochdruckverfahren. Die erhabenen Teile der Druckform werden eingefärbt. Dann wird das Papier aufgepresst und die hochstehenden Teile werden gedruckt. Das Hochdruckverfahren, das noch heute Bedeutung hat, ist der Flexodruck. Damit werden überwiegend Verpackungen und Werbemittel bedruckt. Auch gebogene oder dreidimensionale Objekte (Kugelschreiber etc.) werden üblicherweise im Flexodruck bedruckt. Die Druckqualität reicht nicht an die Qualität des Offsetdrucks heran.

Siebdruck: Mit Siebdruck können sehr haltbare Farben mit einem hohen Farbauftrag gedruckt werden. Mit Siebdruck lassen sich zudem gut auch andere Materialien wie Metall oder Kunststoffplatten bedrucken. Beim Siebdruck werden sogenannte Siebe belichtet oder schabloniert. Dann wird mit einem Rakel (eine Art Schieber mit Gummilippe) die Farbe durch das Sieb gedrückt. An den Stellen, wo das Sieb offen ist, wird die Farbe übertragen. Der Siebdruck verliert durch die Entwicklung des Digitaldrucks an Bedeutung. Auch weil im Siebdruck kein allzu enges Raster gedruckt werden kann und so keine fotorealistischen Drucke möglich sind.

Papier

Papier ist nicht gleich Papier. Es unterscheidet sich zum Beispiel durch die Farbe (weiß ist nicht gleich weiß), die Grammatur (das Flächengewicht pro Quadratmeter), das Volumen (wie dick es sich anfühlt), die Steife (wie biegt es sich), die Oberfläche (Naturpapier, gestrichen, matt oder glänzend), die Struktur, den Preis oder die Umweltfreundlichkeit, um die wichtigsten Aspekte zu benennen.

Für die mögliche Qualität des Papiers ist vor allem die Oberfläche wichtig. Ein Papier, das „gestrichen" ist, nimmt die Farbe besser und gleichmäßiger an als ein Naturpapier, das sich dafür besser von Hand beschreiben lässt. Das Papier hat einen großen Einfluss auf die Wirkung der Gestaltung. Oft wird die Papierqualität subjektiv wahrgenommen. Eine edle Gestaltung auf einem „labbrigen" Papier kommt nicht an. Für eine Drucksache zählt die Haptik, das Anfühlen, genauso wie der optische Eindruck.

Weiterverarbeitung, Veredelung

 **Mut zum Besonderen**

90 % aller Printprodukte sind Standardprodukte: im DIN Format, üblich gefaltet und geheftet. Überlegen Sie einmal, wie Sie schon durch die Faltung eines Folders mehr Aufmerksamkeit erzielen können.

Oft macht erst die Veredelung den Unterschied. Ein parzieller Drucklack, eine Prägung, eine Laminierung oder eine Sonderfarbe können aus einem Standardprodukt einen echten Hingucker machen. Lassen Sie sich einmal z. B. von den Verpackungen edler Süßwaren inspirieren.

Freigabeproof

Minimieren Sie Fehler durch ein Plott oder Proof, denn sobald ein Druck in die Auflage geht, kostet es Geld. Bedenken Sie, dass die PDF-Datei, die Sie dem Drucker schicken vom Drucker weiterverarbeitet wird. Er stellt z. B. die einzelnen PDF-Seiten so zusammen, dass es für den Druck passt. Man unterscheidet das sogenannte Softproof oder ein Plott, bei dem die Farben nicht verbindlich sind, oder das Farbproof das teuer, aber farbverbindlich ist.

PDF-Format

Prinzipiell unterscheidet man offene Dateiformate und geschlossene Dateien wie ein PDF. Im ersten Fall schicken Sie Ihrem Drucker Ihre Aufbaudatei des (Layout)programmes inkl. aller verwendeten Bilder und aller Schriften. Im zweiten Fall erzeugen Sie z. B. ein PDF in der Druckauflösung bei der Sie alle Schriften und Bilder einbetten. Für das PDF spricht die kleinere Dateigröße und dass weniger „passieren" kann. Für die offene Datei spricht, dass der Drucker notfalls Dateiprobleme lösen oder Änderungen einfach noch selbst ausführen kann. Aber dann hat der Drucker die Arbeit, die er Ihnen auch in Rechnung stellen wird.

Heutzutage ist ein fachmännisch geschriebenes PDF (Farben, Auflösungen, Einbettungen, Format u. Ä. sind korrekt auf das Druckverfahren abgestimmt) das Standard-Austauschformat zwischen Gestalter und Drucker.

Fazit

Übung macht den Meister

Nun kennen Sie die Grundlagen gelungener Gestaltung. Sie sind dadurch auf einem guten Weg, selbst zu einem besseren Gestalter zu werden oder Gestaltung besser beurteilen zu können. Übrigens gehört beides untrennbar zusammen. Deshalb:

Schulen Sie Ihren Blick, beschäftigen Sie sich mit gelungener, aber auch mit schlechter Gestaltung. Nutzen Sie Ihre Erkenntnisse, um aktiv zu werden, zu experimentieren.

Experimentieren, machen, üben ist wichtiger als Theorie. Gestaltung ist Handwerk!

Gestaltung misst sich an der Wirkung

Je tiefer Sie in die Materie einsteigen, umso besser können Sie beurteilen, was laienhafte, semiprofessionelle und professionelle Gestaltung unterscheidet – und noch viel wichtiger, was die Qualität der Gestaltung bewirkt.

Denn letztlich geht es in der „Gebrauchsgrafik", so ist der deutsche Begriff des Grafik-Designs, um Wirkung zu einem vernünftigen Preis. Billig kann teuer kommen, wenn die Wirkung ausbleibt. Aber auch eine professionell wirkende Gestaltung ist noch kein Garant für Werbewirkung. Erinnern Sie sich bitte an den Anfang dieses Leitfadens. Gute Gestaltung ist nicht nur eine schöne Verpackung. Es kommt darauf an, dass die Botschaft bei der Zielgruppe ankommt, dass die Botschaft die Bedürfnisse der Zielgruppe anspricht.

Professionell gestaltete Medien sind eine Teamleistung

Niemand kann auf höchstem, professionellem Niveau zugleich texten, fotografieren, gestalten, Druckvorlagen erstellen, drucken oder Online-Medien produzieren.

Mediengestaltung ist Teamwork. Diese Teamarbeit verändert sich stetig mit der Entwicklung der technischen Möglichkeiten. Nie war es so einfach professionelle und „hausinterne, semiprofessionelle" Leistungen sinnvoll zu verbinden:

So könnte zum Beispiel ein Profi Musterlayouts anlegen, die Sie mit Inhalt füllen und über die der Profi den abschließenden Feinschliff mitsamt der Produktionsbetreuung übernimmt. Das spart viel Zeit und Kosten und das Ergebnis befriedigt. Auch können so Kosten verursachende Autorenkorrekturen effizient und schnell „hausintern" übernommen werden.

So könnten zum Beispiel Medien selber gestaltet und produziert werden, die auch semiprofessionell genug Wirkung zeigen. Das macht Budget frei für Dinge, die hohe Professionalität erfordern – beispielsweise die Logoentwicklung.

Eine Behauptung zum Schluss

Sie werden merken, dass Sie auf einem guten Weg sind

- wenn Ihre Layouts plötzlich „aufgeräumter" wirken;
- wenn Sie weniger verschiedene Schriften verwenden;
- wenn Sie weniger Bilder einsetzen, diese aber Hingucker sind;
- wenn das Auge auf einer Seite Halt und klare Orientierung findet;
- wenn Sie mehr und mehr verinnerlichen, dass weniger mehr ist.

Viel Spaß auf dem Weg!

Prinzipien der Gestaltung in der Übersicht

- Die Qualität der Gestaltung misst sich an der erzielten Wirkung. Ästhetik und Inhalt sind notwendige Voraussetzungen dafür.

- Paradox: Gestaltungsregeln sind wichtige und notwendige „Fingerzeige" – hervorragende Gestaltung verstößt aber meist gegen Regeln.

- Weniger ist mehr! Die Konzentration auf das Wesentliche erhöht die Wirkung.

- Zielgruppe, Inhalt und Format sind gestaltungsbestimmend.

- Spannende Gestaltung lebt von Kontrasten – aber auch von Harmonie. Deshalb gilt meist: Gestaltungselemente sollten gleich oder deutlich verschieden sein.

- Gute Schriften verdienen Respekt! Also Schriften nicht wild verzerren, sperren oder sonst modifizieren!

- Form follows function. Der Nutzen bestimmt das Design – vom Design lässt sich auf den Nutzen schließen.

- Die Simulation von Räumlichkeit auf der Fläche ist „gefährlich". Ein Layout profitiert selten von 3D-Effekten. Räumlichkeit kann weitaus besser durch Komposition, Farbwirkung und Kontraste erzeugt werden als durch naturalistische Perspektiveffekte.

- Überraschen Sie! Aufmerksamkeit erregen ist notwendig, damit Gestaltung überhaupt wahrgenommen wird. Das heißt aber nicht, dass Werbung laut und schrill daherkommen muss!

- Gute Gestaltungsideen sind das eine. Für professionelle Wirkung braucht es immer Qualität in der Umsetzung.

Weiterführende Informationen

Lesenswerte Bücher

Ein guter Einstieg
Das Design-Buch für Nicht-Designer: Gute Gestaltung ist einfacher,
als Sie denken!
Claudia Korthaus
Galileo Design

Wer richtig tief einsteigen möchte
X.media.press: Kompendium der Mediengestaltung Digital und Print:
Konzeption und Gestaltung / Produktion und Technik für Digital- und
Printmedien.
Joachim Böhringer, Peter Bühler und Patrick Schlaich
Springer, 2 Bände Gebundene Ausgabe

Gute, preisgekrönte Gestaltung
Von erfolgreichen Designern lernen: Gutes Grafikdesign aus Deutschland
Fons Hickmann, Boris Kochan, Rolf Mehnert, Daniel Rothaug,
Raban Ruddigkeit und Jochen Theurer
Galileo Design, Gebundene Ausgabe

Buchtipps und mehr
www.novumnet.de

Inspiration
www.luerzersarchive.net/
www.dasauge.de

Weitere Leitfäden dieser Reihe:

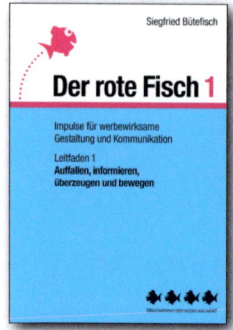

Auffallen, informieren,
überzeugen und bewegen

Mit guten Ideen und
Strategie zum Werbeerfolg

Bild und Text –
mehr als nur Layout-Zutaten

Erfolg im Internet
und in digitalen Medien

Wirkung potenzieren
durch Werbemix

Kunden, Unterstützer und
Sponsoren gewinnen